ますだ まさよし 著

ほっ

ものごとの見方 受け止め方

すいせん

村上　和雄（筑波大学　名誉教授）

このたび、増田正義氏が天理教校専修科の専任講師時代に書かれた随筆を集めた「ほっ」が出版されることとなりました。なんとも嬉しい限りです。

増田正義さんは、鹿児島から四才の時、お母様と共に天理に来られました。私とは同じ教会（典日分教会）に属するよしみで、増田さんが四才の時から現在まで、約五十年近く親しい仲です。一時期、同じ教会で兄弟同様にして育ちました。今でも私は、増田氏のことを「マーちゃん」と呼んでいます。

同氏は天理高校卒業後、天理教少年会本部専門員や天理教校専修科の専任講師を長らく務められましたが、その経験が本書に生かされています。

まず、本の題目がユニークで大変良い。増田氏の温和な人柄のせいか、私は彼に会うと「ほっ」と心が和みます。多くの教え子に慕われているのも彼の人柄によっているように思います。

この本は、天理教の生き方や素晴らしさが実に分かりやすい言葉で書かれています。これは大変重要なことです。その中には、私が両親から聞いているように感じる部分もあり、大変嬉しく思います。

三年前に増田氏は、突然、育ち盛りの四人の子どもを残して、妻が亡くなるという悲劇に見舞われたのです。しかし、その悲しみを信仰の力で乗り越え、人間としての成長を続けておられます。実に見事です。

私は遺伝子研究の現場にいますが、遺伝子の研究は、今素晴らしい勢いで進んでいます。遺伝子解読で生命のナゾが解けると期待されたのですが、その解読が進むにつれ、話はそう簡単でないことも分かりつつあります。そもそも、たった一つの細胞のことも、極めれば極めるほど深く、決して簡単ではありません。生命の仕組みは、まったく驚くほど不思議なことばかりです。人は「生きる」などと簡単に言いますが、自分の力で生きている人は、地球上に一人もいません。

遺伝子暗号の解読の研究をしていて、それを可能にした画期的技術の素晴らしさに夢中になっていました。しかし、ある時、私はもっとすごいことに気付きました。それは、万巻の書物に匹敵する遺伝子暗号が、極微の空間に書き込まれており、それが一分一秒の休みもなく、生きるという目的のために、正確に解読されている事実です。

これを可能にしているのは、人間の知恵や工夫によるものではなく、大自然の偉大な力(サムシング・グレート)の働きです。この事実を本当に理解できれば、素晴らしい人生が開けるのではないかと思っています。

現在、私は多くの眠っている良い遺伝子のスイッチを、目覚めさせる方法についても研究しております。笑い、感動、感謝などの陽気な心が、良い遺伝子を活性化することを、科学のレベルで証明したいと念願しております。

同じ信仰につながる増田氏の書かれた本書から、多くのことを学びました。私は本書を自信を持って推薦いたします。

平成十六年一月三日

目次

教え

生き方

思案

教え

公式

私たち信仰者はありがたい。陽気ぐらしをするために、教祖のひながたという公式を教えてもらっている。日々の暮らしの中で、親神様から事情身上という応用問題を出される。私たちはその応用問題に対して、教祖のひながたという公式を使って、銘々の悟りという計算式を立てて、答えを出すのである。

但し、その答えは『よろこび』でなければ親神様、教祖には受け取ってもらえないのである。陽気ぐらしをするために教えられた、教祖のひながたという公式を一言で言えば、どんなこともすべて、よろこびに受け止められたことである。

教会で青年勤めを始めた頃、会長様（典日分教会二代会長）から最初聞かせていただいた話です。学校生活を終えて間もない私にとって、この公式、応用問題、計算式、答えという言葉を使っての説明はとても理解しやすく、心地よく心に治まっていきました。しかし、この話は、文字や言葉で理解するのは簡単ですが、実際に通ろうとすると、親神様、教祖に満足していただき、自分自身もよろこべる思案というのはなかなか難しい事です。

霜

冬の寒い朝、車のフロントガラスに霜がかかって真っ白。このままでは、危なくて運転できない。そこで、暖かい空気を送ってみる。すると、霜が解けだし、視界が広がってきた。これで安心して運転できる。

私達の心も、知らず知らずにほこりを積んで曇り、折角親神様が付けて下さった「陽気ぐらし」への道が見えなくなっているかもしれない。

車の霜が、暖かい空気で解けていくように、私達の心のほこりも、温かい心と、暖かい言葉で消えていく。
心のほこりが消えて心が澄めば、親神様が付けて下さった
「陽気ぐらし」への道を、安心して歩むことが出来る。

種蒔《ま》き

人間は、いつも人の言葉や行動に、よろこび悲しんでいる。

私は人の心に喜びや悲しみの種を蒔き、人は私の心に喜びや悲しみの種を蒔く。

どうせ、人の心に種を蒔くのなら、よろこびの種を蒔きたい。そして、人が自分の心に蒔いてくれた種は、よろこびの種として受け取りたい。

なぜなら、相手が自分の心に蒔いた種がたとえ悲しみの種であっても、それをよろこびの種として受け取ってあげれば、相手に悪い種蒔きをさせなくて済むからである。

これは、在職当時の天理教校長（諸井慶一郎氏）先生から聞かせていただいた話です。「種蒔きは人の心に蒔くので、自分の心には蒔けない」と言う話は、なるほどと納得させられましたが、さらに「相手の蒔いた種を喜びの種として受け取ってあげよう。なぜなら、相手に悪いんねんを積ませなくて済むではないか」と言う思案には脱帽しました。この思案こそ信仰者の思案だと感心させられました。

器

ものを受ける器は、大きくて、穴が開いて無くて、空っぽであることが条件である。

私たちの心の器も同じこと。

親神様はいつも私たちが陽気に暮らせるようにと、いろんなものを授けて下さっている。しかし、肝腎の受ける器が、小さかったり、穴が開いていたり、自分という我が詰まっていては充分に受けられない。

器を大きくすることは直ぐには出来ないが、穴を塞ぐことや、空っぽにすることは今すぐ出来る。

穴を塞ぐこととは、今の与えを喜ぶことである。器一杯に詰まった我を捨てて、今の与えを喜ぶ努力を続けることが、いずれ大きな器を作る種になるだろう。

親神様のご守護を、いっぱいに感じられる大きな器を作る努力を重ねよう。

見えない世界

世の中には見える世界と、見えない世界がある。

そして、私達はいつも見えた世界に心奪われるのである。

しかし、その見えた現実の世界を、よろこんだり、悲しんだりする感情は、見えない世界である心にあるのである。

どんなに形が整っても、それをよろこぶかどうかは、人それぞれに違う。

同じ形の世界に生きていても、その世界に満足するかしないかの鍵は、その世界に生きている人それぞれの心にある。

人間の幸せ、不幸せの鍵は、見える世界の姿、形にあるのでなく、その姿、形を見て感じる、見えない世界の心にあるのである。

見える世界は知れています。部屋の中に入れば、もう外の景色はわかりません。しかし、見えない世界は違います。目を閉じれば、遠く離れた故郷が見えます。遠くに住む友の顔が見えます。もうこの世にいない母の顔さえ浮かんできます。

難

生きている以上、誰もがいくつかの難に出会うだろう。そしてその難をどう受け取るかが、その人の幸、不幸を分ける。

無難を基準にすれば、ちょっとした小難が不足になる。こんな時、大難を想像出来る力が有れば、小難と喜べる。人はいつも、無難を望んでいるから小難が不足になるのである。

人から見てどんな大難も、もっと大きな大難を想像出来る力があれば、小難と受け取れて喜びに変わるだろう。

そんな想像力を身につけることで、直ぐには無理かも知れないが、何時の日か、きっと日々の生活の中で見せて頂く難を、喜べる日が来るのだと信じている。

身体

親神様は、人間の陽気に暮らす姿を見て、共に楽しみたいと思召されて人間を造られたのである。

これは、人間は皆、陽気ぐらしが出来るという保証をして下さっているのである。

しかし、その為には、この身体を、陽気ぐらしに相応しい使い方をしなくてはいけない。

例えば、顔の中にある目、耳、鼻、口で考えてみよう。

目は、全てのものを見てよろこび、耳は、全てのものを聞いてよろこび、鼻は、全ての臭いを嗅いでよろこび、口は人の喜ぶことを言うのである。

また、目、耳と鼻の穴は、二つづつ有って、口が一つしか無いのは、物事の善し悪しを見分け、聞き分け、嗅ぎ分けるために二つづつ造り、口は、言い分けしないように一つしか造られなかったのである。

教祖の口伝です。教会生活の中で、常に親奥様（典日分教会初代会長夫人）から聞かされた話です。この他にも「人間の身体はお尻の穴以外すべて、人の方を向いて造られています。だからこの身体は人のために使いなさい。」とお仕込みいただきました。

無

この世の全ては「無」から始まる。

「無」と言うことの気楽さ。無いからこそ「有る」ことに気付き、ありがたいと思えるのである。

「有る」と思うから失ったと思うのである。「有る」と思うから損をしたと感じるのである。

この世の全ては神様のもの。自分のものなど何も無い。失ったのでなく、損をしたのではなく、頂き過ぎたから返すのである。

気付こう。
この世に自分のものなど
何も無いことを。

看板

町を歩けば、色とりどりの看板が私達の目を楽しませてくれる。

そして、そんな看板を拵えるとき、最初にする作業は、白塗りから始めるという。

それは、下地が白でないと赤や青や黄色の鮮やかさが出ないからである。仮に、白以外の色の上に、赤や青や黄色をのせても、濁ってそれぞれが持つ本来の鮮やかさは死んでしまうのだという。

私達の心も、同じように、常に白くしておかないと、日々の生活の中で、お見せいただく親神様のご守護を、鮮やかに受け取ることが出来ない。
私達の心を白くする作業は、周りの人の役に立つことであり。喜んでいただくことなのである。

こどもおぢばがえりの装飾係として、ご用をさせていただいていた頃の話です。装飾係の御用の始まりは、来る日も来る日も白塗りの作業ばかりでした。そんな折、聞かせていただいた話です。白塗りの作業の価値観を見つけたようで、嬉しかったのを覚えています。また、素晴らしい絵を書かれるプロの言葉だったので心に残りました。

文字と言葉と行動

私達は、人を理解する時、その人の書いた文や、使う言葉、生活態度を見て、どんな人間なのか判断する。

また、自分自身を人に伝える時、自分の文字と言葉と行動を使って伝えるのである。

そして、この文字や言葉も、人間が陽気に暮らせるために、親神様がお与え下さった道具なのである。

この道具を使って、私達は何を伝えるのか。それは、信仰を伝えるのである。「陽気ぐらし」をするために、よろこびを伝えるのである。

夏のこどもおぢばがえりのメイン行事「朝のおつとめ」で、真柱様は、毎年大勢の子供たちに、この道の教えをわかりやすく説いて下さいます。

この話は、「朝のおつとめ」行事が本部中庭で行われていた頃に、三代真柱様がお話し下さったお話の中の一つです。毎年、役得からお側で聞かせていただきながら、子供たちにお話し下さっているのですが、私にとって、改めて信仰者として原点に立ち返り、自分自身を見つめ直す良い機会になっています。

陰

少しでも明かりがあるところには、陰が出来る。陰はいつも正直である。いくら誤魔化したつもりでも、陰がバラしてしまう。

私たちの生き方も、見た目をいくら装っても、陰が正直に語ってくれる。

陰を正しく生きていれば、何も恐くない。陰で人を悪く言うから、自分の評価が気になるのである。

陰を、どのように通るかがその人の価値である。

堂々と生きていくために、陰を精一杯生きよう。そして陰の動きに自信の持てる生き方を心掛けよう。

これは、愛町分教会の初代会長様（関根豊松氏）の言葉から、自分なりにアレンジして作らせて頂きました。「陰を精一杯に生きる」とは良い言葉です。

理と情

「理」は、いつも厳しいものである。それは、この世の全てが「理」で成り立っているからである。「理」をはずしては、何も生まれない。

しかし、私達人間は、「情」で生きている。「理」で、ものを生み出しても、それを育てるのは「情」の役割ではないだろうか。

「理」が種なら、「情」はその種を丹精して育てる役割を担っているように思う。

「理」がものを生み出す力なら、「情」はものを育てる力である。
教祖は、私達人間に親神様の教えという「理」を伝えるために、どこまでも優しく暖かい「情」を使ってお導き下さった。

人の相談にのる時、いつも心に置いてきたことはこの「理と情」でした。人の話を理解してあげることは容易なことです。しかし、理解してあげることが、最終的な解決にはならないのです。解決するためには、現実から目を背けず、結果をどう受け止め、どう対処するかが大切なことだと思うのです。そして、その鍵を握っているのが「理」なのです。

奇　跡

奇跡は人に感動を与え、関わった人々の心を幸せにしてくれる。

目の不自由な人が目が見えるようになったり、足の不自由な人が歩けるようになったとき、人はそれを奇跡と呼ぶ。

今朝、目を覚まして、目が見え、耳が聞こえ、話が出来る。この当たり前の姿が奇跡だとしたら、私たちは今、奇跡の連続の中に生かされていることになる。正に感動の日々ではないか。

そう考えると、日頃の多少の不満がとてもちっぽけに思えてくるから不思議である。

メッセンジャーボーイ

周りの人々は皆、神様からのメッセージを届けてくれる人だと思ってみよう。

自分を褒めてくれる人、叱ってくれる人、皆神様からのメッセージを届けてくれる人だと思ってみよう。

そう考えると、自分を注意してくれる人に腹を立てることは無くなる。

注意をしてくれる人が、目の前の人間だと思うから腹が立つのである。

自分に注意をしてくれる人、その人こそ、神様からのメッセージを届けてくれる大切な人なのである。
自分にメッセージを届けてくれた人なら、恨むどころか、お礼を言わせて貰わなければならない。

会長様（典日分教会二代会長）から青年時代に聞かせていただいた話です。周りの人々を郵便配達員だと思ってみようという話でした。手紙やハガキを届けてくれた郵便局の人に腹を立てる人はいないだろうというのです。手紙やハガキの内容に関係なく郵便物を配達してくれた人には、「ありがとう。ご苦労様」です。周りの人は皆、郵便配達員で、その人が自分に話してくれる内容こそが、大切な神様からのメッセージなのです。

芽

種を蒔いて、土をかぶせれば芽が出る。

綺麗な花の種を蒔いたら、芽が出てくるのが楽しみである ように、人間の心の種蒔きも、良い種を蒔いたら、芽が出る のが楽しみである。しかし、もし悪い種を蒔いてしまったら どうだろう。

我々は、日常生活の中で、良い種は自慢し、悪い種は隠そ うとしている。

しかし、種は土をかぶせると育ち、陽にさらせば枯れていく。これが天然自然の姿なら、心の種蒔きも、良い種を自慢すれば枯れていき、悪い種を隠していると芽が出てしまうのだろう。

　人のためにしたことを自慢せず、自分の欠点や弱点を人様に笑っていただいて、幸せの芽を育てよう。

トレーニング

プロゴルファーが一流で居るためには、毎日のパター練習は欠かせない。プロのバレーボールの選手が一流で居るためには、基本のパスの練習は欠かせない。

もし、一流になったからといって、基本の練習をしなくなったら、その時から一流でなくなるだろう。

私達信仰者が目指しているものは、心のプロである。心のプロとして一流になるために、また一流で居るために毎日の心のトレーニングを怠ってはならない。

心のトレーニングをやめた時、信仰者として一流でなくなるだろう。

心のトレーニングは特別な場所に行かなくても、日々の生活の中にある。生活の中で現れる結果をよろこぼう。

もし今、自分の置かれている状況や、自分を囲む人々をよろこべない人がいるのなら、自分は一流のトレーニングジムに居て、一流のトレーナーにコーチしてもらっているのだと考えてみてはどうでしょう。そして、その場と人をよろこべた時、きっと心に大きな力が付いているはずです。

得手不得手

人には、得手不得手がある。得手なことは、頼まれても平気だが、不得手なことは頼まれると辛いものである。

だからといって自分の不得手を認めるのも癪だし、ましてや他人にそれを指摘されるのは、もっと嫌なことである。

そこで私達は、自分の不得手を他人に知らせることで、自分を守ろうとする。

しかし、それではいつまで経っても自分の成長は望めない。

不得手を克服してこそ成長である。

不得手を克服するということは、不得手を得手に出来れば、それに越したことはないが、仮に不得手のままでも、その不得手を認めた時、不得手であるが故に、得手の人への感謝や、生かされているよろこびを感じれるようになるのではないだろうか。

理　想

夢や理想は、叶わないから良い。叶ってしまった時、手が届いてしまった時、夢や理想でなくなってしまう。

より良い生活を築くために、あんな風に成りたい。こうも成りたいと目標を立てて日々頑張ることは、素晴らしいことである。そして、その目標は、人によって異なっているだろう。

しかし、人として目指す目標は一つではないかと思う。

教祖を目標に、教祖のような人間を理想に掲げ、教祖に少しでも近づきたいと願う時、人は成人しているのだと思う。私たち人間は、到底教祖のようには生きられない。だから理想なのであり、永遠の夢なのである。

私たちが目標にする教祖の生き方とは、どんなことも心一つで喜びに受け取れる思案が出来る事である。

日々の生活の中でよろこべないことを恥じることはない。よろこべない生活の中から、教祖の生き方を目指すところにこそ、本当の喜びが見えてくるのだから。

生き方

動かす

ここに一枚の紙とコップがある。

コップの上に紙を置いて、紙を動かしても紙の下のコップは動かない。

コップの下に紙を敷いて、紙を引いてみると紙の上のコップは簡単に動く。

人間も同じ。

人の上に立って命令をしたり、怒鳴っても人は動かない。
人の下に入って、人を浮かすと簡単に動く。
人を浮かすとは、その人の役に立つことであり、よろこばせることである。

これは、私が対人関係で悩んでいた時に出会った話です。ワラにもすがる思いで、今までの自分を主張した生き方から、形の上だけでも、相手に逆らわず、この話のように、自分を徹底して下に置いて勤めきった結果、自分でも驚くほどの人間関係を築くことが出来たのです。この貴重な体験は、今も自分の生き方の基盤になっています。

幸せ

ある人が言った。

「美味しいものを探すということと、美味しくものを食べるということは違う」と。

私たちは幸せになるために、必要なものを探し求めているが、実は幸せは探すものでなく、感じるものではないだろうか。

自分の満足のためには、あれが必要、これが必要。あれが無いと勇めない。これさえ有れば勇めるのに。などなど…

自分の周りをよく見てみると沢山の与えに気付けるはず。

今の与わっているものを喜んで幸せを感じることが出来たら、それが最高の幸せではないだろうか。

食べる

与えられた環境や人を食べよう。食べさせられているのでなく、自らの意志で食べてみよう。生きるために食べるのでなく、食べていたら生きていたという食べ方をしよう。

やらされている。行かされているは、食べさせられている姿。やらない、行かないは、折角出された料理を食べない姿である。

どうせ生きるのなら、自らの意志で与えられた環境や人を食べよう。折角出された料理なら美味しく頂こう。
そして、食べられたよろこびと味わいを、語り合える仲間を作ろう。

これは、活気の無い若者たちを見て、何とか生きる喜びを感じて欲しいと思って作りました。夢を持たず、つまらない顔をした若者を見るのは寂しいものです。賢明な若者たちは、明日の事は大体予想が付くのでしょう。実際、そんなに変化のある明日が、いつもあるわけではありません。けれども、ひょっとしたら自分の想像を超える喜びが待っているかも知れない。そんなよろこびを期待するような、生き方をして欲しいと思うのです。

もう一人の自分

人の心の中には、欲望を充たしたい自分と、善悪の判断をするもう一人の自分が居る。

欲望を充たしたいという心が「本能」で、善悪の判断をする心が「理性」である。

人間と動物の違いは、この「理性」にある。

心の成長と共に育っていくのがこの「理性」である。

成人していくとは、いかにこの「理性」を自分の心の中で育てていくかということである。

何か事が起こったとき、自分に甘い「本能」を抑える、
「理性」を持った、もう一人の自分を確立しておこう。

ゆとり

車にはアクセル、ブレーキがあり、それらには必ず「遊び」と言われる部分がある。

この「遊び」の部分があるから、発進する時や停止する時、ゆっくりと発進したり、停止することが出来るのである。

もし、この「遊び」の部分がなかったら、急発進や、急停止してとても危険である。

私達の心にも、ゆとりが無いと、「遊び」のない車のように、とても危険である。

心のゆとりは、人のことを考えていると出来てくる。自分のことばかり考えていると、ゆとりは無くなってくる。常に、自分を反省する余裕と、周りの人々に、気配り心配りの出来る、ゆとり有る人間でありたいものである。

人は真面目であればあるほど、人に対して厳しくなっていくように思います。そして、私たちが求めている「陽気ぐらし」からどんどん離れていくような気がしました。ここでいう遊びとは、許すということです。お互いに不完全な人間なのだから。

心配り

私達は、日々「話す」「聞く」「書く」「読む」という動作を繰り返しながら生きている。

しかし、これらの動作を相手の立場に立って使っているだろうか。

自分の言いたいことだけ話したり書いたり、また自分勝手な聞き方や読み方をして、自分の都合で使っていないだろうか。

話す時は、聞く人の立場に立ち、聞く時は、話す人の気持ちを汲む。また、書く時は、読む人のことを考え、読む時は、書いた人の心を読む。この見えない心配りが、人と人との心をつなぐのである。

今日まで、たくさんの人の言葉や文字に励まされ、喜ばせていただきました。また反面、善意で捧げた一言を誤解され、憎まれ、恨まれて、自分の不甲斐なさを嘆いたこともありました。お陰で、慎重に言葉を探し、文字を選ぶ勉強をさせていただきました。そして改めて、言葉、文字という道具の偉大さと、恐ろしさを知りました。

役に立つ

人から褒められて、有頂天になっている自分は居ないだろうか。誰でも褒められることは嬉しい。でも、ひょっとしたらその陰で泣いている人がいるかもしれない。

仮に、部屋に大きな机があるとしよう。この机は仕事をしたり、食事をする時とても役に立つ。しかし、掃除をする時この大きな机が邪魔になるのである。

このように、役に立つものも、立場を変えれば邪魔になることがある。

私達も、人から褒められた時、有頂天になってしまわず、どこかで邪魔になっているかもしれないと、自分を振り返ってみよう。

しおらしさ

出しゃばらず控えめな人は好かれる。そんな人のことを「しおらしい」という。

塩は辛いものであるが、みそ汁に少し加えるとみそ汁の味が引き立ち、サラダに少し加えるとサラダの味が活きるという。

言いかえれば、塩はみそ汁の味を引き立たせるため、サラダの味を活かすために自らを投じ、自らの味を殺し相手を活かしたのである。

塩が塩として自分の存在を出した時、みそ汁もサラダも吐き出されてしまうであろう。

人のために我が身を投じ、人を活かし、人のよろこびを我がよろこびに感じることの出来る「しおらしい」人間になりたいものである。

これは、教会の親奥様(典日分教会初代会長夫人)が定期検診で「血圧が高いので、塩分を控えるように」と医者から言われた時の思案です。私なら、自分の健康のために食事療法として塩分を控えることぐらいしか思いつきません。しかし、さすが一流の信仰者は違います。この医者の一言から、「女としてのしおらしさに欠けるのだ」と思案されるのですから。

優しさ

「やさしさ」誰もが好きな言葉である。この優しいという文字は、熟語では、「優秀」「優勝」といった使い方をする。だから、「優」という文字の持つ意味は、人よりも勉強が出来るとか、特技をもっている人に使われるように思われている。

しかし、「優」という文字の作りは、にんべんに「憂い」と書くのである。

「憂い」とは、嘆き、悲しみ、悩みという意味である。この嘆き、悲しみ、悩んでいる人に、にんべんの人という文字が寄り添って出来ている。
　本当の意味で優れた人間とは、このように嘆き悲しみ悩んでいる人に、そっと寄り添える優しい人間のことをいうのではないだろうか。

女性の方を対象にした講習会などに呼ばれた時には、必ずこの「やさしさ」と前ページの「しおらしさ」の話をします。自分を殺して人を活かす「しおらしい人間」と、困っている人の側にそっと寄り添える「優しい人間」は私の永遠のテーマです。

濁す

人は誰でも優しい心を持っている。そして出来れば人の役に立ちたいと思っている。しかし、その思いも相手に届かなかったり、誤解をされると、心濁してしまうものである。心濁すと、人の為（ため）にしたことも駄目（だめ）になり、固めた意志（いし）も意地（いじ）に変わる。

また、人を褒める口（くち）も愚痴（ぐち）になり、折角積んだ徳（とく）も毒（どく）になる。

人のために良かれと思って使った心と身体。相手がどう受

け取ろうが心濁さず、人のために使える心と身体を与わって
いることをよろこぼう。

本音

「本音」で生きるということは、自分に正直に生きるということでとても格好が良い。しかし、周りの人にとっては、迷惑なことである。

逆に「たてまえ」で生きるということは、嘘で固めた生き方のようで格好が悪い。しかし、周りの人にとっては楽である。なぜなら、「本音」は自分の都合に合わせた生き方であり、「たてまえ」は相手のことを考えた生き方だからである。

「本音」で生きるべきか。「たてまえ」で生きるべきか。

簡単なことである。「本音」を「たてまえ」に近づける努力をして、「たてまえ」が「本音」になればよいのである。そうすれば自分に正直に生きながら、周りの人にもよろこんでいただけるのである。

本音で思うのは心、たてまえを考えるのは頭。位置関係においても、頭の方が上にあるわけですから、「たてまえの頭を本音の胸に合わせる生き方は、人前で顔が上げられず、逆に本音の胸をたてまえの頭に合わせる生き方は、人前を堂々と胸を張って歩けるのだ」と、会長様（典日分教会二代会長）にお仕込みいただきました。

立　場

私たちは人生の中で、歳を重ね、様々な状況の中、色んな立場を与えられる。そして、時としてその立場というものに育てられたと気付く事は少なくない。

しかし、人間としての付き合いは、あくまで立場でなく、人として付き合いたいものである。

社長だから、先生だから、会長だから、言うことを聞かなければならないのでなく、その人の頼みだから、聞かせていただきたいと思える付き合いがしたい。

立場のある人の頼みだから、聞くと言うのでなく、相手が誰であっても、その人のために、その人に喜んで貰うために、動ける人間でありたい。

日々の生活の中で関わる人々と、そういう人間関係を築いていきたいものである。

丸ごと

世の中親切になった。必要なものを必要な分だけ切り売りをしてくれる。

こんな世の中で暮らしていると、本来の姿を知らずに過ごしている人も少なくない。

例えば「刺身」。食べやすいように切り身にしてある。しかし、魚は切り身で存在しない。食べられない骨も内臓も鱗もまとめて魚が存在するのである。

我々は親切な世の中で暮らすことに慣れてしまって、自分に都合の良いことだけ受け入れ、都合の悪いものは切り捨てるような生き方をしてはいないだろうか。そんな食べ方、付き合い方をするから不足するのだ。

どんなものや人にも、良いところもあれば悪いところもある。それを承知で丸ごと受け入れて付き合うところに、本当の味わいというものがあるのだと思う。

最近の人たちの人間関係が、一人一人の好きなところとだけ付き合っているような付き合い方をしているように感じて、寂しく感じることがよくあります。

めがね

視力の悪い人が、自分の視力に合った眼鏡を掛けるとよく見える。

陽射しの強い日にサングラスを掛けると目が楽になる。

当たり前のことだが、青いレンズの眼鏡を掛けたら、見える世界はすべて青く見える。

もし、心に眼鏡を掛けられるのなら、よろこびの眼鏡を掛けてみたい。きっと世の中に、こんなにもよろこびがあったのかと驚くことだろう。

しかし、自分勝手な価値判断の眼鏡を掛けていたら自分の価値判断で認める物しか見えず、きっと詰まらない人生になるだろう。

道

色んな人が歩く道。同じ道を歩いていても美しい花を楽しむ人もいれば、ゴミばかり気にして喜べない人がいる。同じ道なのに、どうしてこんなに感じ方が違うのだろう。

人生も同じように、同じ時間を共有していても楽しんでいる人と、悲しんでいる人がいるのは何故だろう。

それは、私達の心の目に問題があるのではないだろうか。美しい花に気付ける人は、人の長所が見え、ゴミばかり気になるのは、人の欠点ばかり見えているように思う。

同じ人生を歩むのなら、美しい花を見ながら生きていたい。そして、ゴミに気付いたら拾ってあげて、美しい花の話を語り合える仲間を増やしたい。

同じ空気を吸い、同じ人たちと過ごしていても、その中に楽しそうにしている人と、つまらなさそうにしている人がいます。どこが違うのだろうと考えてみても、どうしても環境や人に問題は見つかりません。やはりこの空気を吸っているお互いの心、また、周りの環境や人を受け入れている一人一人の心に問題があるように思うのです。

徳

私達は、良いことをしたと思う時、秘かに徳を積んだとよろこんでいるが、果たしてそうだろうか。

自分で良いことをしたと思っても、相手に通じなかったり、ひどい時は相手を怒らせてしまうこともある。

こんな時少し気持ちを切り替えてみよう。

折角相手のためを思ってした、よろこばれるはずの行為が、無視されたら、今まで無意識ではあるが人を苦しめた自分の借金を返せたとよろこんでみよう。もし、腹を立たせてしまったら、未だ借金が残っているのだとさんげしてみよう。

そう考えると相手を恨まずに済むし、おまけに自分の心を磨く機会にもなるではないか。

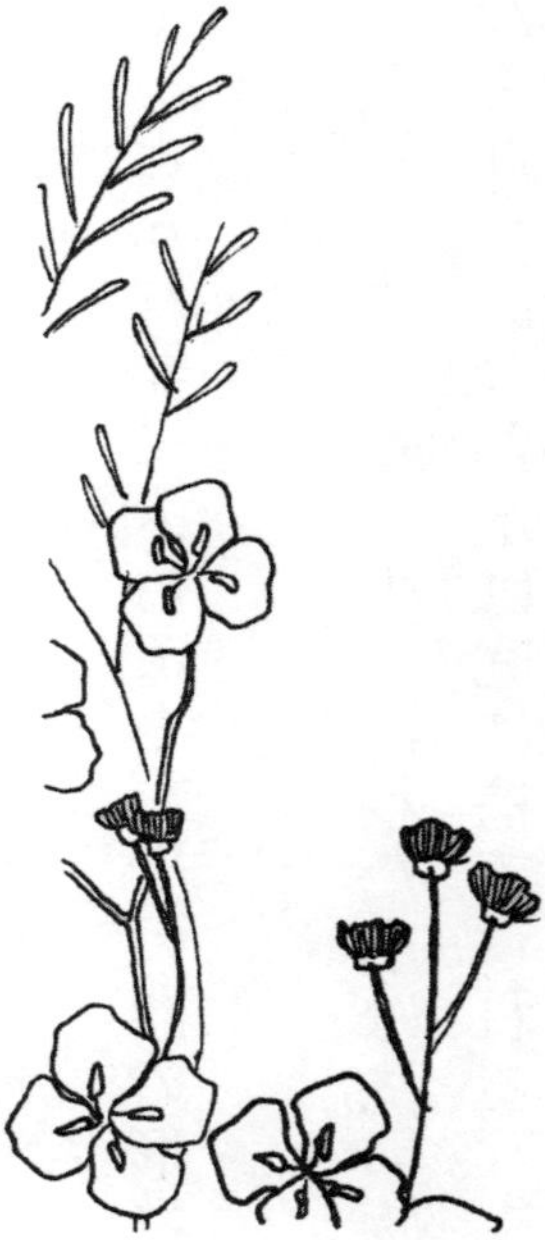

水と空気

「水」というものは、どんな器に入れても、その器の形に合わせることができる。

更に、きれいな水は飲み水に成り、少し汚れた水は洗い物に使われ、使い物にならなくなった水は庭に捨てられる。

そして捨てられたその水は、庭の植木や草花に喜ばれるのである。

また、「空気」というものは、すべての生き物に不可欠なもの。

衣食住は満たされなくても、少々我慢すれば生きていけるが、空気が無くなると生きていけない。それなのに空気は驚くほど存在感が薄いのである。
私は「水」のように、どんな環境や人にも合わせる事の出来る柔軟な心と、人のために尽くしきる事の出来る底なしの優しさ。そして、「空気」のように無くてはならない存在でありながら、人に気づかれないような生き方がしたい。

これはある学生と長時間一緒にいたとき、彼の人柄の良さから来るものかも知れませんが「何故この学生は、邪魔にならないのだろう」と不思議に思って作った話です。

天　気

主婦にとって日々の天気は気になるものである。朝目が覚めて、天気が良いと、布団も干したい。洗濯物もしたい。部屋の空気も入れ替えて掃除もしたい。などなど次々とやりたいことが浮かんできて、つい心もウキウキしてくるものだ。天気の良い日は人の心まで晴れやかにしてくれる。

一緒に暮らす人の天気も同様。相手の機嫌が良いと、こちらの心まで晴れてくるから不思議である。

ということは、相手も自分の心の天気で、晴れたり曇ったたりしていることになる。
気をつけよう、自分の気分で周りの人たちの心を曇らせているかもしれない。
自然の天気はどうすることも出来ないが、自分の心の天気は自分で調節できる。
周りの人のために、出来るだけ晴天の心で居られるよう頑張ってみよう。

思案

顔

人が笑った。その笑顔を見ていたら自分まで嬉しくなった。
人が怒った。その顔を見ていたら自分まで腹が立ってきた。
人が泣いた。その涙を見ていたら自分まで悲しくなってきた。
人の顔の表情が自分の心を、明るくしたり、暗くさせたりする。
ということは、自分の顔の表情も、人の心を嬉しくさせたり、悲しくさせたりすることになる。
この顔は自分のものであって、自分だけのものではないのである。
よろこび多い日々を送りたければ、人のために、笑顔でいる時間を増やすことである。

私は、人の顔の表情が好きです。表情が語る言葉が好きです。喜び、悲しみ、嘘、驚き、はじらい、怒り、いろんな表情をする顔が好きです。

人

人という字は、支える人と、支えられる人で出来ている。多くの人が自分は、支える側だと思っているが、よく考えてみると自分もまた、多くの人に支えられていることに気付く。

人を支えているからといって威張る必要はない。もたれてくれる人がいるから、自分も人でいられる。支える側だけでも、支えられる側だけでも人にはなれない。

そう考えると、例えば今、お世話させていただいている人があるとすれば、その人のお陰で自分は人にしていただいていることに気付ける。

支えられたら「ありがとう」。支える側にいても世話を掛けてくれる人に「ありがとう」なのである。

要するに、周りの人々は皆、自分を人にしてくれている大切な人たちなのである。

緊張と意識

慣れない仕事は緊張する。しかし、その緊張も続けているうちに、無緊張で出来るようになる。

良い心や優しい言葉も、意識しないと使えない。しかし、これも意識しているうちに無意識に、使えるようになるはずである。

そして、この緊張も意識も、無緊張、無意識に出来るようになるには、少し無理をすることが必要である。

この少しの無理を続けることで、いつの日か無理の無がとれて、理が出来るのだと思う。

この話は、当初「無緊張の緊張」「無意識の意識」「無理の理」とそれぞれに独立した話として作りました。「無緊張の緊張」は、人間が立っていると言うことは相当な緊張が必要で、その緊張をし続けることで無緊張で立っていられるようになるのだが、緊張を止めたわけではない。という話です。又、「無意識の意識」とは、人間の行動の中には無意識にしていることがあるが、その行動も無意識の意識という意識がある。という話でした。最後に「無理の理」というのは、無理は理が無いと書くから止めろ。という人がありますが、私は逆に頑張れば無理の無がとれて理ができるのではないかと思ったのです。そしてこれらを全部まとめて一つの作品として作ってみました。

囚われる

人が狭い部屋の中に閉じこめられている。四方を壁に囲まれて、身動きがとれなくなっている状態を囚われているという。

では、どんな壁に囲まれているのだろう。それは、「仕事」「健康」「経済」「人間関係」の四つの壁に囲まれているのである。

私たちは、無意識に人の出世を呪い、病気を悔やみ、人の暮らしや自分への評価に惑わされ心濁している。

日々の生活の中で、自分を忘れ、人の出世をよろこび、自ら病むことで健康のありがたさを知り、貧しさの中から豊かさを知ることに気付けた時、自分を閉じこめていた壁は取り払われ、心の自由を得ることが出来るのである。

困難

幸せとは、困難が無くなることだとしたら、幸せを邪魔する困難とは、一体どんなことを指すのだろう。

ここに一つの困難な出来事が起こったとする。果たしてこの困難は万人に等しい困難なのだろうか。もしこの困難を大難にとらえる人、小難にとらえる人がいるとしたら、その困難な事態に問題があるのでなく、それを受け取る心に問題があるように思う。

幸せの妨げになっているのは、目に見えた状況ではなく、その困難にとらわれている心が妨げになっているのではないだろうか。

言いかえれば、どんな困難が起こってきても、その困難を大難にとらえるのか、小難にとらえるのか、その心が問題なのである。

そして、究極のとらえ方は、どんな困難な状況が起こってきても、それを無難にとらえられる広い心である。

納得

不思議なことに、同じ痛みも納得した痛みと、納得のいかない痛みは、痛みの感じ方が違うものである。

手術の後に出来た傷の傷みは、大概の場合我慢出来るが、突発的な事故などで出来た傷は、我慢できない。

なぜなら、手術後の傷は、この痛みを耐えたら、治るという希望があり、不意の事故など、思いもよらない怪我に対しては、「なぜ?」という悔しい思いが離れないからである。

心の傷も納得した傷は、冷静に受け止められるが、納得のいかない傷は、しこりとなって心に残ってしまうのではないだろうか。

かといって、傷つかない人生などありえない。それならば、心の傷を納得する努力をしてみよう。納得すれば心の傷は耐えられるようになるだろう。

納得する方法は、傷の原因(自分の非)を見つけることである。その非を認めることが幸せへの近道なのである。

有り難い

人は望みが叶った時、欲しいものが手に入った時、有り難いと思うものである。

しかし、有り難いとは、有ることが難しいと書く。もしかすると、有り難いとは、望みが叶ったり、欲しいものが手に入ったから感じるものではなく、有ることが難しいということに気付けた時に、感じるものではないだろうか。

今、与わっているものを、当たり前に思っているが、与わらない人からすれば、羨ましい限りである。もし、今、与わっているものが、無かったらと考えると、与わっているものを、有り難く思えるはずである。

有ることに慣れてしまった私たち、今一度身の回りの与わっているものに対して、有り難いことなのだと、気付ける努力をしてみてはどうだろう。

あきらめ

私達は、今まで何度困難な壁にぶち当たっては、自分に「あきらめるな」と言い聞かせてきたことだろう。

それは、「あきらめない」ことや「信じる」こと自体、簡単なことではないからこそ価値があるのである。

しかし、果たして「あきらめない」ことや「信じる」ことがそんなに難しいことなのだろうか。

世の中には、「信じていたい」「あきらめたくない」と思っていても、裏切られ、あきらめざるを得ない状況におかれた人は少なくないことだろう。
そのことを思えば、今「あきらめないことにしたから」「信じることにしたから」という気持ちになれる状況なら、頑張ることの方が「あきらめる」より数倍たやすいことである。だから、あきらめないで頑張ろう。信じてみよう。

ある雑誌に載っていました。「あきらめる」より「あきらめない」ことの方がたやすいと。一見逆のようですが、「あきらめる」より他に方法がない絶望的な事態からすると「あきらめるな」と言う言葉の裏には、可能性が見えるからです。そう考えると、今まで使っていた「あきらめるな」という言葉がすごく優しい言葉に思えてきました。

つかむ

ものをつかむには、今持っているものを離すことである。今持っているものも離したくないし、新しいものも欲しいというのは欲である。

持っているものを離すということは、そのものの形は無くなるが、それを持っていたという事実は知識として残る。そして、新しいものを持つということは、新しい知識が増えるということである。

今の自分を守っているといつまで経っても知識は広がって

いかない。
自分を捨てて人の心を受け入れてみよう。新しい知識と共に、きっと新しい自分を見つけ、豊かな心をつかむことが出来るはずである。

自分の持っている物を手放すという行為は意外に難しいものです。目に見えた形に対する執着が、目に見えない心の成長をにぶらせています。形は確認はできますが限界があります。心は見えませんが限界がありません。今ある形に満足するのか、果てしなく広がる心の世界に旅立つのか。それもめいめいの心次第なのです。

認める

人生にはどうしても避けられないことがある。その避けられないことから逃げようとするから苦しいのである。

誰しも自分にとって不都合なことは、避けて通りたいものである。

しかし、その避けられないことに気付いたら、その避けられないものの存在の意味を、見つけてみてはどうだろう。そのことを肯定できる何かを、探してみてはどうだろう。

辛く苦しいことの存在を認めたとき、その存在は自分の中で小さくなっていく。

逃げる行為や、否定する考え方が、自分の中でそのことを大きくしているのである。

辛い苦しいことに背を向けず、辛い苦しいことが自分を育ててくれていることに気付こう。

運命

みかんの木にはみかんしかならない。みかんの木にリンゴやバナナはならない。また、みかんがいくらリンゴやバナナになりたいといってもなれない。

しかし、同じみかんでも顔の歪むような酸っぱいものも有れば、甘くてもう一つ欲しくなるようなものも有る。

私達人間も人を見て羨ましがり、その人になりたいと願っても無理なこと。しかし、みかん同様、人に好かれる人も有れば、嫌われる人がいる。どうせ生きるのなら、人から好かれる生き方をしたいものである。
人に好かれるには、人の役に立つことである。与えられた環境と出会う人々の中で自分自身の心を磨いて、甘いみかんのように人から愛される人間になりたいものである。

私の周りにいる若者たちは皆、素敵な魅力を持った人間ばかりです。それなのに、人の良いところばかり見つけて羨ましがっている人がいます。自分の良いところを他人から褒められても、あまり喜ばない人がいます。人の良いところに気付くことも大切なことですが、自分の良いところも見つけて、もっと喜ぶべきだと思います。

反省と後悔

生きているということは、その中に必ず大なり小なり失敗はあるものである。失敗することがいけないのでなく、その失敗を生かすか、殺すかが問題なのである。

失敗を生かすのが反省で、殺してしまうのが後悔である。なぜなら後悔には、進展がない。失敗に対する悔しさだけが残るからである。反省は、同じ失敗に出会ってもその失敗を台に次へ活かす道が広がっているから、希望が湧いてくる。

失敗を恐れて何もしないより、失敗を繰り返しながら、その都度反省を重ねて、大きな人間を目指そう。

灰色

私たちはいつも物事の白黒をはっきりさせようとしている。試合や試験の結果は、はっきりしているが、自分の周りで起こってくる事情や人間関係の答えは、はっきりしない事が多い。

自分にとって都合が良くても相手にとって都合が悪かったり、自分にとって都合が悪くても相手にとって都合が良い事もある。

都合の良い事が白で、都合の悪い事が黒なら、相手と仲良くする方法は一つ、お互いが歩み寄って灰色にする事である。
知っておこう。私たちが生きている世界は、真っ白だったり、真っ黒の世界はない。有るとすれば限りなく白に近い灰色か、限りなく黒に近い灰色の世界である事を。

いつも白黒はっきりさせたい若者たちに「正しい答えは真っ白、真っ黒でなく灰色なんだ。○か×でなく、△なんだ」と答えてきました。

正直

私たちはいつも正直に生きていたいと思っている。でもその正直って、一体何に対して言っているのだろう。

多くの人は自分の心に正直でありたいと願っている。でも、皆が自分の心に正直に生きたら、この世は争いだらけ。

「正直」という字は、正しく直すと書く。正直に生きるということは、自分の思いのままに生きることではなく、自分の生き方はこれで良いのかを振り返り、もし、間違いに気付けば、心を正しく直すことである。

自分の身の回りに起こってきたことや、見えてきたことを自分の勝手で、歪んだ解釈をせず、そのまま受け取り、今の自分の立場で、何を為すべきなのかを思案することが大切なことである。

こうした生き方が、正直な生き方ではないだろうか。

表と裏

世の中の全てのものには表と裏がある。明るさの裏には暗さがあり、優しさの裏には厳しさがある。暖かさの裏には冷たさがある。

誰でも出来れば表で生きていきたいと思う。暗いより明るい方が良いし、厳しいより優しい方が、冷たいより暖かい方が良い。

しかし、この明るさも優しさも暖かさも、暗さ厳しさ冷たさを、知っていなければ感じることができない。

いくら裏の世界を嫌っても、表の世界を支えているのは、この裏の世界なのである。

本当の意味で表の世界に生きるということは、裏の世界の存在を認めることである。そして、時にはこの裏の世界が人を成長させることも覚えておこう。

物に表と裏があるように、すべての事柄にも表と裏があるのだと思います。登り坂ばかりの人生もなければ、下り坂ばかりの人生もありません。今の楽しみに走って、後で苦労するのか。先の楽しみを夢見ながら今の苦労を頑張るのか。私は、体力のある若いうちに苦労しておく方がよいと思います。

点と線

自由に生きたければ点のような生き方をすれば良い。点は自由に動き回れる。しかし、何も作れない。昨日、今日、明日も孤立している。悲しみも喜びもその瞬間だけである。

線は面倒である。一寸動くとからむ。もつれる。しかし、上手に使えば何か作れる。昨日、今日、明日もつながっている。昨日までの結果が今日であり、今日の生き方が明日を作る。

人生は点では成り立っていかない。過去を反省し、未来を夢見ながら、今日を精一杯生きることこそ、人生の楽しみではないだろうか。

嘘

人の心を傷付けない優しい嘘。嘘と解っていても、その思いやりのある嘘が嬉しい時もある。

でも、自分を守る嘘は醜い。自分を守るためについた嘘は、人の心を傷つける。そして、その嘘を隠すために次の嘘をつく。嘘を本当にするためには、嘘で固めなければならない。

嘘の始まりは、いつも小さい嘘から始まる。でもその小さい嘘を重ねるから後戻りできなくなる。

「これぐらい」「こんなことぐらい」が怖い。無意識についてしまった嘘。結果的についてしまった嘘。どんな嘘も自分を守るためについた嘘に気付いたら、素直に謝ろう。

一度も嘘をついたことがない人間なんていないと思います。明らかに嘘と解る嘘や、相手を思いやる嘘は許せるけれど、自分を守るための嘘や悪意を持った嘘は嫌なものです。そんな嘘はつくのもつかれるのも嫌です。悪気はなくてもついてしまった嘘は、傷の浅いうちに謝っておいた方がよいと思います。

謝罪

相手を傷つけたり、失敗をしたときに使うのが、この「謝罪」の言葉である。

この言葉を使わずに生きて行けるのならそれに越したことはないだろう。

しかし、相手を傷つけるつもりはなくても、何気なく出した言葉に傷つく人があったり、良かれと思ってしたことがとんでもない失敗につながったりすることもある。

大切なことは失敗をした後、言い訳をしたり、責任転嫁をしないことである。

時に、失敗をしても、その謝罪が余りにも潔く鮮やかなら、相手に好印象を与えることさえある。

自分の非を認めて潔く謝ろう。自分の失敗を正当化するための言い訳や責任転嫁を考える力を、潔く謝れる勇気に変えよう。

口伝え

テレビでコマーシャルが流れる。新聞に広告が載る。さすがに高い宣伝料を払うだけの効果はある。

しかし、こうした宣伝の効果だけで、その商品が流行っていくのだろうか。

宣伝した商品が流行っていく最大の理由はその商品を使った人たちの評価にあると思う。しかもその評価は口伝えで広がっていく。

その商品を手にして使った人が良いと思えば頼みもしない

のに、口伝えに宣伝をしてくれるのである。

要するに、良いものは、黙っていても人の口から口へと広まっていくものである。

私たちも、自ら自分の宣伝をするのでなく、周りの人から「なるほどの人」と噂して貰えるような人間を目指したいものである。


これは、現在の「にをいがけ」（布教）の在り方について、以前から修業のような暗い考え方に、疑問を感じていたので作りました。本来、信仰していることが楽しければ「にをいがけ」は楽しいものの筈だと思うのです。

あとがき

私は「天理教校専修科」という学校で足掛け十四年間、専任講師として勤めさせていただきました。

その中で、出会った多くの若者たちに、幸せの鍵はめいめいの心の中にあることを伝えたかったのです。

これらの作品の一つ一つは、若者たちとのふれあいの中で、そのつど、伝えたいことを便箋一枚にしたためて、一人一人に手渡してきたものです。

去る平成十二年「天理教校創立百周年」を迎えた折「増田学

級（四回の担任）合同の同窓会をしたいので、何か記念になるものを作ってください」と幹事役の小林仁君にせがまれ、今まで書き溜めたものを渡したら、人数分だけ小冊子にしてくれました。

どういうわけか、こんな拙文が、一人歩きをして、多くの方からお礼や喜びの声をいただいて驚いております。

そんな折、思いもかけず出版化の話が持ち上がり、戸惑いを禁じ得ませんが、これらの文を読んで、少しでも「ほっ」とした気分になってくださる方があるのなら、これ以上の喜びはありません。

末筆になりましたが、出版に当たり、細やかに心配りいただいた善本社社長山本三四男氏を始め、可愛いカットを描いてくださった大本一葉さん、その他ご協力いただいた多くの方々にお礼を申し上げます。

とりわけ、お忙しい中「推薦文」のご執筆をご快諾くださった村上和雄博士に心から感謝いたします。

みなさん、ありがとうございました。

平成十六年一月二十六日

ますだ　まさよし

著者略歴

ますだ まさよし
（増田正義）

昭和27年1月鹿児島県生まれ。
昭和31年以降、奈良県天理にて育つ。
昭和51年より平成19年まで、天理教教会本部に勤務する（少年会本部、天理教校専修科、教化育成部三日講習課）。
現在：天理教典日分教会　三代会長
住所：〒632-0017　奈良県天理市田部町 554
著書：「こころ」「まこと」「納得の日めくり」「ことば」「さとり」「あかり」（以上、善本社刊）

ほっ
ものごとの見方 受け止め方

平成十六年四月十八日　初版発行
令和七年九月二十六日　十刷発行

著者　ますだまさよし
発行者　手塚容子
印刷所　善本社製作部

〒一〇一-〇〇五一　東京都千代田区神田神保町二-十四-一〇三
発行所　株式会社　善本社
TEL　〇三-五二一三-四八三七
FAX　〇三-五二一三-四八三八

ISBN978-4-7939-0427-1　C0214